# BIBLE WORD SEARCHES FOR KIDS

Vickie Save
Illustrated by Ken Save

BARBOUR
PUBLISHING, INC.
Uhrichsville, Ohio

Published by Barbour Publishing, Inc., P.O. Box 719, Uhrichsville, Ohio 44683   http://www.barbourbooks.com

Member of the
Evangelical Christian
Publishers Association

Printed in the United States of America.

# BIBLE
## WORD
## SEARCHES
## FOR KIDS

# The Book of GALATIANS

THE BOOK OF GALATIANS WAS WRITTEN BY PAUL AND SENT TO SEVERAL CHURCHES IN THE PROVINCE OF GALATIA.

THE REASON FOR THIS LETTER WAS TO ENCOURAGE BELIEVERS TO RETURN TO THEIR FIRST LOVE, JESUS CHRIST. IT TELLS US WE MUST QUIT TRYING TO LIVE THE CHRISTIAN LIFE BY ONCE MORE PUTTING OURSELVES UNDER GOD'S LAW.

WE NO LONGER LIVE *UNDER THE LAW* BUT UNDER GOD'S GRACE, REALIZING THAT JESUS CHRIST DID FOR US WHAT WE COULD NEVER DO FOR OURSELVES.

THE CHRISTIAN LIFE IS NOT ABOUT US TRYING TO LIVE IT BUT JESUS CHRIST LIVING *HIS LIFE THROUGH US.*

JESUS SAID, "I HAVE COME TO GIVE THEM LIFE AND GIVE IT MORE ABUNDANTLY."

AS YOU READ GALATIANS ASK YOURSELF, IS IT ME WHO IS TRYING TO LIVE THE CHRISTIAN LIFE — OR IS IT CHRIST LIVING THROUGH ME?

# GRACE AND PEACE

FIND THE WORDS UNDERLINED BELOW IN THE WORD SEARCH ON THE NEXT PAGE.

"<u>GRACE</u> BE TO YOU AND <u>PEACE</u> FROM <u>GOD</u> THE FATHER, AND FROM OUR LORD JESUS CHRIST, WHO GAVE <u>HIMSELF</u> FOR OUR SINS, THAT HE MIGHT <u>DELIVER</u> US FROM THIS PRESENT <u>EVIL</u> WORLD, ACCORDING TO THE <u>WILL</u> OF GOD AND OUR <u>FATHER</u>: TO WHOM BE GLORY FOR EVER AND EVER. AMEN."

GALATIANS 1:3–5, KJV

```
G M W I B B C T I N B O
F R Y D B A Q N W I L L
T C A N C E I T T U H G
O T H C R S T D W I O O
P E A C E V D T R E U D
H R Q O Y C L G E W L R
F J G O N T B X S R D D
G H I M S E L F T R T A
S D B E O L R S S I S M
P E T O R E V D H P T B
T P L H V M I L I T Y I
R Z T I B B D M S D N T
W A L T I N E S E V I L
H E P F A T H E R H L O
D L R V B P H K T K N N
```

# CALLED BY GRACE

FIND THE WORDS UNDERLINED BELOW IN THE WORD SEARCH ON THE NEXT PAGE.

"I AM <u>ASTONISHED</u> THAT YOU ARE SO QUICKLY <u>DESERTING</u> THE ONE WHO CALLED YOU BY THE <u>GRACE</u> OF CHRIST AND ARE TURNING TO A DIFFERENT <u>GOSPEL</u>—WHICH IS REALLY NO GOSPEL AT ALL. EVIDENTLY SOME <u>PEOPLE</u> ARE <u>THROWING</u> YOU INTO <u>CONFUSION</u> AND ARE TRYING TO <u>PERVERT</u> THE GOSPEL OF <u>CHRIST</u>."

GALATIANS 1:6–7

```
G M W I B B C T I N B O
F R Y D B G O S P E L L
T C A N C E I T T U H W
O T H C T H R O W I N G
K K C P E V D T R E U L
H R Q O Y C L G E W L R
F C O N F U S I O N D D
G S J V B K F L T R T A
S D E S E R T I N G S C
P E T O R B V D H P T H
E P L H U M I L I T Y R
O Z T P E R V E R T N I
P A C T I N E S B F I S
L A S T O N I S H E D T
E L R V B P H K T K N N
```

# BOOKS OF THE BIBLE

FIND THE WORDS LISTED BELOW IN THE WORD SEARCH ON THE NEXT PAGE.

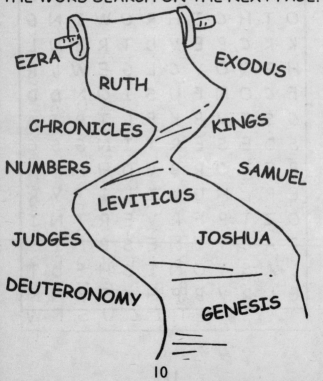

EZRA

EXODUS

RUTH

CHRONICLES

KINGS

NUMBERS

SAMUEL

LEVITICUS

JUDGES

JOSHUA

DEUTERONOMY

GENESIS

```
C F J G S A M U E L E F
T H S J V B T B X B W A
K A R J O S H U A X O T
A I N O G E N E S I S F
D T N G N B W C X U R S
E R Z G E I V D H V Y S
U J A C S R C D M D M E
T U A P P I N L S S P N
E D L R V B J D E B D U
R G W I E X O D U S F M
O E Y D A B C T W T H B
N S C R P A Q N S N K E
O N Z J E R U T H Q B R
M E R P D B R D G U I S
Y L E V I T I C U S F W
```

# PLEASING MAN OR GOD

USING THE LINES ON THE NEXT PAGE, UNSCRAMBLE THE UNDERLINED WORDS BELOW. THEN FIND THEM IN THE WORD SEARCH PUZZLE.

"FOR DO I NOW EDSRUPAE ENM, OR GOD? OR DO I SEEK TO EPLSAE MEN? FOR IF I YET PLEASED MEN, I SHOULD NOT BE THE TSNEARV OF CHRIST. BUT I CERTIFY YOU, BRETHREN, THAT THE LGEOPS WHICH WAS PREACHED OF ME IS NOT TFEAR MAN."

GALATIANS 1:10–11, KJV

12

_____    _____

_____    _____

_____    _____

```
S K Q E C R O D B B D G
E H M P Q I H Y B M L O
R F B E G M X D E B B S
V G C A N N T D E N F P
A S T A B E A O S S E E
N P K L T U V R V P V L
T B Y I S G B U C C I G
F R J R T O B B T Q D Z
T W E O C P L E A S E L
O P D H P E R A F T E R
```

# BOOKS OF THE BIBLE

FIND THE WORDS LISTED BELOW IN THE WORD SEARCH ON THE NEXT PAGE.

PROVERBS

PSALMS

ISAIAH

ESTHER

JEREMIAH

JOB

NEHEMIAH

DANIEL

HOSEA

LAMENTATIONS

ECCLESIASTES

EZEKIEL

```
I P W P R O V E R B S E
S S Y D N B C T W T H Z
A A C E P H Q N S N K E
I L M J E O V S M Q B K
A M R P E S T H E R I I
H S J E R E M I A H F E
Z J G O N A L G P E F L
K S J V B T B X B W A L
N E H E M I A H X O T R
H N T P E L Q S C R F D
L A M E N T A T I O N S
R Z T E B V D H V Y S W
D A N I E L D M J O B L
H A P P I N E S S P N D
E C C L E S I A S T E S
```

# JUSTIFIED BY FAITH

USING THE LINES ON THE NEXT PAGE, UNSCRAMBLE THE UNDERLINED WORDS BELOW. THEN FIND THEM IN THE WORD SEARCH PUZZLE.

"WE WHO ARE SJWE BY NATURE, AND NOT SINNERS OF THE GENTILES, KNOWING THAT A MAN IS NOT DJEUISFTI BY THE WORKS OF THE LAW, BUT BY THE HFTAI OF JESUS CHRIST, EVEN WE HAVE BELIEVED IN JESUS TCSHIR, THAT WE MIGHT BE JUSTIFIED BY THE FAITH OF CHRIST, AND NOT BY THE WORKS OF THE WLA: FOR BY THE WORKS OF THE LAW SHALL NO ESLFH BE JUSTIFIED."

GALATIANS 2:15–16, KJV

```
F T R W L Y B U C C I T
L A J Y T B B B T Q S X
E W I O C S C I K I E L
S H D T P E R B R T D S
H Q E C H R D H B D H D
H M P Q I X C B M L T L
F J U S T I F I E D N W
G C A J N N B E N F A S
S T A B E L O S S L D Z
P J E W S V R V P V T K
```

# LAW OR GRACE

FIND THE WORDS UNDERLINED BELOW IN THE WORD SEARCH ON THE NEXT PAGE.

"IF, WHILE WE <u>SEEK</u> TO BE JUSTIFIED IN <u>CHRIST</u>, IT BECOMES <u>EVIDENT</u> THAT WE OURSELVES ARE <u>SINNERS</u>, DOES THAT MEAN THAT CHRIST PROMOTES <u>SIN</u>? ABSOLUTELY NOT! IF I <u>REBUILD</u> WHAT I DESTROYED, I PROVE THAT I AM A <u>LAWBREAKER</u>."

GALATIANS 2:17–18

```
L H A L S I N N E R S H
C A L T O R C L G E W O
K M W C H U T B X S R U
F B Y B F B K S I N R E
T C O R R I L E S S I V
O T G I P E B V D H P I
K K T D V B A I L I T D
H R D N B O B K M S D E
F S E E K K D E E B E N
G S C P C L S D Z R H T
S D Q O I A P H K T F I
P E G U D E C T I N H L
T P B V Y C H R I S T N
R E B U N S I T T U B O
R A T R B L T D E K S L
```

# CHRIST LIVES IN ME

USING THE LINES ON THE NEXT PAGE, UNSCRAMBLE THE UNDERLINED WORDS BELOW. THEN FIND THEM IN THE WORD SEARCH PUZZLE.

"FOR THROUGH THE LAW I <u>IDDE</u> TO THE LAW SO THAT I MIGHT <u>VILE</u> FOR GOD. I HAVE <u>NEBE</u> CRUCIFIED WITH CHRIST AND I NO LONGER LIVE, BUT CHRIST LIVES IN ME. THE <u>ELIF</u> I LIVE IN THE <u>YBDO</u>, I LIVE BY FAITH IN THE SON OF GOD, WHO <u>DLEVO</u> ME AND GAVE HIMSELF FOR ME."

GALATIANS 2:19–20

```
D T R W L O B U C C I E
F I J Y T O B B T Q F X
T W E O C V C I K I E L
O H D D P E R B L T D S
K Q E C B O D Y B D H D
H M P Q D H Y B M L T L
F B Z E D F B A L B N M
G C V J N T E E N I T S
S O A B E P E S S E V Z
L K L T P V N V P V T E
```

# BOOKS OF THE BIBLE

FIND THE WORDS LISTED BELOW IN THE WORD SEARCH ON THE NEXT PAGE.

MALACHI     AMOS     JOEL

ZECHARIAH     OBADIAH

ZEPHANIAH     HAGGAI

MICAH     JONAH

HABAKKUK

NAHUM

```
Z H A B A K K U K F K O
E F J G O N C L G P E B
P G J J V J O N A H W A
H A D O E B D F L A L D
A P N T E E L Q S G R I
N T P G R L W C X G T A
I R Z T E B V D H A Y H
A W A C T R B D M I M E
H H A P M I C A H S P N
E Q L R V B J D Z B D I
Y M W S B M A L A C H I
R B O D N B C T W T H E
U M C E P A N A H U M N
A N M J E B V S M Q B O
Z E C H A R I A H U I L
```

# PEOPLE OF THE BIBLE

FIND THE WORDS LISTED BELOW IN
THE WORD SEARCH ON THE NEXT PAGE.

ISAAC  NOAH  ADAM  SARAH  EVE  ISHMAEL  CAIN  LOT  ABRAM  HAGAR  ABEL  ABRAHAM

```
I T P N R B W C X U R A
S R Z O E B L D H V Y B
A W A A T R O D M D M R
A H A H P I T E S S P A
C Q L R V B J D Z B D H
M M A B R A M E K C F A
B B Y D N B C T W T H M
V T C E A D A M S N K I
F N M J E B V S M Q B S
I C A I N B R A B E L H
E R Q L H V D M F K F M
I J G A N C L G P E F A
D S R V B T H A G A R E
J A B E B D F L X O T L
S N T P E L E V E R F D
```

# SETTING ASIDE

FIND THE WORDS UNDERLINED BELOW IN THE WORD SEARCH ON THE NEXT PAGE.

"I DO NOT <u>FRUSTRATE</u> THE <u>GRACE</u> OF <u>GOD</u>: FOR IF <u>RIGHTEOUSNESS</u> <u>COME</u> BY THE <u>LAW</u>, THEN CHRIST IS <u>DEAD</u> IN <u>VAIN</u>."

GALATIANS 2:21, KJV

```
V M W I B B C T I N B R
F A Y D B A Q N N Q S I
T C I N C E G O D U H G
O T H N R S T D E K D H
K K C P I V D T R A U T
H R Q O Y N L G E W L E
F J G O N T G D S R D O
G C O M E D F L T R T U
S D B E O L E S S I S S
G R A C E B V D H P T N
T P F R U S T R A T E E
R Z T F B B D M S D N S
W A C T I N L A W F I S
H A P P B S D Z C H L O
Q L R V B P H K T K N N
```

# FOOLISH PEOPLE

FIND THE WORDS UNDERLINED BELOW IN THE WORD SEARCH ON THE NEXT PAGE.

"O <u>FOOLISH</u> GALATIANS, WHO HATH <u>BEWITCHED</u> YOU, THAT YE SHOULD NOT OBEY THE TRUTH, BEFORE WHOSE <u>EYES</u> JESUS CHRIST HATH BEEN EVIDENTLY SET FORTH, <u>CRUCIFIED</u> AMONG YOU? THIS ONLY WOULD I <u>LEARN</u> OF YOU, <u>RECEIVED</u> YE THE <u>SPIRIT</u> BY THE WORKS OF THE LAW, OR BY THE <u>HEARING</u> OF FAITH?"

GALATIANS 3:1–2, KJV

```
L K M W I B B C T I N B
O E B Y D B A Q N N Q E
I T A O N C E I T T U W
R O T R E R S T D E K I
E K K C N D S P I R I T
C H R Q O Y C L G E W C
E F J F O O L I S H R H
I G S J V B K F L T R E
V S D H E A R I N G I D
E P E T O R B V D H P T
D T P L H U M I L I T Y
S C R U C I F I E D S N
D W A C T I N E S E F I
F H A P P B S D Y C H L
X O R Q R A Y E D T K N
```

# HUMAN EFFORT

FIND THE WORDS UNDERLINED BELOW IN THE WORD SEARCH ON THE NEXT PAGE.

"ARE YOU SO FOOLISH? <u>AFTER</u> <u>BEGINNING</u> WITH THE <u>SPIRIT</u>, ARE YOU NOW <u>TRYING</u> TO <u>ATTAIN</u> YOUR <u>GOAL</u> BY <u>HUMAN</u> EFFORT? HAVE YOU <u>SUFFERED</u> SO MUCH FOR NOTHING — IF IT REALLY WAS FOR <u>NOTHING</u>?"

GALATIANS 3:3–4

```
V W A T R Y I N G B F D
B H A P P B I N G C H N
S Q L R V B P H K T K O
U M W A T T A I N N B T
F B Y D B A Q N N Q S H
F C O A F T E R T U H I
E T H E R S T D E K O N
R K H U M A N T R E U G
E R Q O Y C L G E W L L
D J G O N T B X S R D S
G B J V B K F L T R T P
S B E G I N N I N G S I
P E T O R B V D H P T R
T P L H U M I L I T Y I
R Z G O A L D M S D N T
```

31

# GOD'S SPIRIT

USING THE LINES ON THE NEXT PAGE, UNSCRAMBLE THE UNDERLINED WORDS BELOW. THEN FIND THEM IN THE WORD SEARCH PUZZLE.

"DOES GOD <u>EGVI</u> YOU <u>ISH</u> SPIRIT AND <u>RKOW</u> MIRACLES <u>GAMNO</u> YOU BECAUSE YOU OBSERVE THE LAW, OR BECAUSE YOU <u>EBVELIE</u> WHAT YOU <u>DHREA</u>?"

GALATIANS 3:5

_____     _____

_____     _____

_____

```
R H M P Q I H Y B M L T
G F B Z G D A N A B B N
P G C H J N T M E N F T
O H T A I E P O O S E D
W E K L T S V R V N V T
O A R W L O B U C C G G
R R J Y T O B B T Q D X
K D B E L I E V E I E L
O H D H I E R B L T D S
K Q E C R S G I V E H D
```

# BLESSED

USING THE LINES ON THE NEXT PAGE, UNSCRAMBLE THE UNDERLINED WORDS BELOW. THEN FIND THEM IN THE WORD SEARCH PUZZLE.

"THE SCRIPTURE SOFWRAE THAT GOD WOULD JUSTIFY THE IENGESTL BY FAITH, AND ANNOUNCED THE EGPOLS IN ADVANCE TO ABRAHAM: 'ALL SANOTIN WILL BE BLESSED THROUGH YOU.' SO THOSE WHO HAVE FAITH ARE SESDBEL ALONG WITH ABRAHAM, THE MAN OF TAFIH."

GALATIANS 3:8–9

34

_____          _____

_____          _____

_____          _____

```
B T R W L O B U C C I G
L R F Y N A T I O N S O
E F S O C V C I K I E S
S H A H R E R B L T D P
S Q E I R E D B B B D H E
E M P Q T H S B M L T L
D B Z G D H N A B B N M
G C A J N T B E W F T S
S G E N T I L E S E D Z
P K L T P V R V P V T K
```

# BOOKS OF THE BIBLE

FIND THE WORDS LISTED BELOW IN THE WORD SEARCH ON THE NEXT PAGE.

PHILIPPIANS

ROMANS

GALATIANS

CORINTHIANS

EPHESIANS

MARK

ACTS

JOHN

MATTHEW

LUKE

```
H R Q M A T T H E W F W
F J G O N C L G L U K E
G S J O H N B X B W A L
A D B E B D F L P O T R
P N M A R K Q S H R F D
T P G R A C T S I R S X
R Z A E B V D H L Y S E
W A L T R R D M I M E P
H A A P I O E S P P N H
Q L T V B M D Z P D I E
M W I B B A E K I F L S
B Y A N B N T W A H E I
T C N P A S N S N K N A
N M S E B V S M S B O N
C O R I N T H I A N S S
```

# THE RIGHTEOUS LIVE BY FAITH

USING THE LINES ON THE NEXT PAGE, UNSCRAMBLE THE UNDERLINED WORDS BELOW. THEN FIND THEM IN THE WORD SEARCH PUZZLE.

"FOR AS MANY AS ARE OF THE <u>SWOKR</u> OF THE LAW ARE UNDER THE <u>ECSUR</u>: FOR IT IS WRITTEN, CURSED IS EVERY ONE THAT CONTINUETH <u>TNO</u> IN ALL THINGS WHICH ARE <u>NWERTIT</u> IN THE BOOK OF THE LAW TO DO THEM. BUT THAT NO <u>NMA</u> IS JUSTIFIED BY THE LAW IN THE SIGHT OF GOD, IT IS EVIDENT: FOR, THE <u>STUJ</u> SHALL LIVE BY FAITH.'"

GALATIANS 3:10–11, KJV

```
J T P K J U S T R V P V
G K W R W L O B U C N I
F F R R Y T O B B Z Q D
S T W S I M A N O K I E
U O H D H T E E B L W D
C U R S E R T D B B O H
U H M P Q F H E B M R T
R N B Z B D F N N B K N
E O C I J N T B E N S T
K T R A B E P O S S E D
```

# CHRIST REDEEMED US

FIND THE WORDS UNDERLINED BELOW IN THE WORD SEARCH ON THE NEXT PAGE.

"THE LAW IS NOT <u>BASED</u> ON FAITH; ON THE CONTRARY, 'THE <u>MAN</u> WHO DOES THESE <u>THINGS</u> WILL <u>LIVE</u> BY THEM.' CHRIST <u>REDEEMED</u> US FROM THE <u>CURSE</u> OF THE <u>LAW</u> BY BECOMING A CURSE FOR US, FOR IT IS WRITTEN: 'CURSED IS EVERYONE WHO IS <u>HUNG</u> ON A TREE.'"

GALATIANS 3:12–13

```
L T P B E K I N E S G F
H R Z T O O B S D N C H
U W A L H M B P U K T K
I H A T F A B H T I N B
R Q L C T N A Q N N Q S
K M W P P C E I T T U H
F B D R E D E E M E D O
T C G I J D V D T R E U
O T Y D N T H I N G S L
K K O B C N T B X S R D
H R H E A B K L I V E T
F J C P Y S L E L S I S
C U R S E R E V D A P T
S D G O T U M D L I W Y
P E J V T B B D M S D N
```

# THE PROMISE OF THE SPIRIT

FIND THE WORDS UNDERLINED BELOW IN THE WORD SEARCH ON THE NEXT PAGE.

"HE <u>REDEEMED</u> US IN <u>ORDER</u> THAT THE <u>BLESSING</u> GIVEN TO ABRAHAM MIGHT COME TO THE <u>GENTILES</u> THROUGH <u>CHRIST</u> JESUS, SO THAT BY <u>FAITH</u> WE MIGHT RECEIVE THE <u>PROMISE</u> OF THE <u>SPIRIT</u>."

GALATIANS: 3:14

R E T R Z T F B B D M S
S E Y W A F A I T H S B
W S D H A P P B C D Z C
J P L E L R V B H H K B
K I K M E I B B R T I L
H R F B Y M B A I N N E
F I T C O N E E S T T S
H T O T H E R D T D E S
F C K K C P D V D T R I
P R O M I S E C L G E N
G M F J G O N T B X S G
H H O R D E R K F L T R
J E S D B E O L E S S I
K E P E T O R B V D H P
L R T G E N T I L E S T

# THE PROMISE

USING THE LINES ON THE NEXT PAGE, UNSCRAMBLE THE UNDERLINED WORDS BELOW. THEN FIND THEM IN THE WORD SEARCH PUZZLE.

"THE PROMISES WERE <u>NSEPKO</u> TO ABRAHAM AND TO HIS <u>ESDE</u>. THE SCRIPTURE DOES NOT SAY 'AND TO SEEDS,' MEANING MANY <u>EPELOP</u>, BUT 'AND TO YOUR SEED,' MEANING ONE PERSON, WHO IS <u>TCSHIR</u>. WHAT I MEAN IS THIS: THE LAW, INTRODUCED 430 YEARS LATER, DOES NOT SET ASIDE THE <u>TCONVAEN</u> PREVIOUSLY ESTABLISHED BY GOD AND THUS DO <u>WYAA</u> WITH THE PROMISE."

GALATIANS 3:16–17

```
L F R J Y T O B B T Q D
R T P S O C A W A Y I E
Y O E D H P E R B L T D
U C O V E N A N T N D H
I H P P Q I H Y E M C T
R F L Z G D F K A B H N
S E E D J N O B E N R T
K S T A B P P O S S I D
N P K L S P V R V P S T
K T R W L O B U C C T G
```

# OUR INHERITANCE

FIND THE WORDS UNDERLINED BELOW IN THE
WORD SEARCH ON THE NEXT PAGE.

"FOR IF THE <u>INHERITANCE</u> DEPENDS
ON THE <u>LAW</u>, THEN IT NO <u>LONGER</u>
<u>DEPENDS</u> ON A PROMISE; BUT <u>GOD</u> IN
HIS <u>GRACE</u> GAVE IT TO <u>ABRAHAM</u>
THROUGH A <u>PROMISE</u>."

GALATIANS 3:18

```
D K M W I I B C I N B E
E F B Y D N A Q N Q C L
P T C O N H E I T A H W
E O T H E E S T R K O B
N K K C P R V G R E U L
D H R Q O I C L A W L R
S F J G O T T B B R D D
F G S J V A K F R R T A
J S D B E N L E A I S M
U P E T O C B V H P T B
T T P L H E M I A T Y I
L O N G E R B D M D N T
O W D C T I N E W L I I
I O A P P B S D C R A O
G Q P R O M I S E K L W
```

# BOOKS OF THE BIBLE

FIND THE WORDS LISTED BELOW IN
THE WORD SEARCH ON THE NEXT PAGE.

TITUS

THESSALONIANS

HEBREWS

COLOSSIANS

TIMOTHY

JAMES

JOHN

REVELATION

JUDE

PHILEMON

PETER

```
T S H H R T L Y R D M C
I F E F J H O N E L G O
M G B G S E V B V B X L
O D R A D S E B E F L O
T G E P N S P E L Q S S
H C W T P A R B A C X S
Y V S E Z L E B T D H I
F G D W A O T R I D M A
F U R H A N P I O E S N
J S E Q R I V B N D Z S
I H A E W A B B T E K C
T K T B Y N N B C T W T
E E Z T C S P J A M E S
P O T I T U S B V S M Q
P H I L E M O N J O H N
```

# THE PURPOSE OF THE LAW

FIND THE WORDS UNDERLINED BELOW IN THE WORD SEARCH ON THE NEXT PAGE.

"WHAT, THEN, WAS THE <u>PURPOSE</u> OF THE LAW? IT WAS <u>ADDED</u> BECAUSE OF <u>TRANSGRESSIONS</u> UNTIL THE SEED TO WHOM THE PROMISE <u>REFERRED</u> HAD COME. THE LAW WAS PUT INTO <u>EFFECT</u> THROUGH <u>ANGELS</u> BY A <u>MEDIATOR</u>."

GALATIANS 3:19

```
A M W I B B C T I N B T
F D Y M E D I A T O R R
T C D N C E I T T U H A
O T H E R S T D E K O N
K K C P D V D T R E U S
H R Q O Y E F F E C T G
F J G O N T B X S R D R
G S J V B K F R T R T E
A N G E L S E E S I S S
P E T O R S V F H P T S
T P L H O M I E I T Y I
R Z T P B B D R S D N O
W A R T I N E R B F I N
H U P P B S D E C H L S
P L R V B P H D T K N N
```

# LIFE

USING THE LINES ON THE NEXT PAGE, UNSCRAMBLE THE UNDERLINED WORDS BELOW. THEN FIND THEM IN THE WORD SEARCH PUZZLE.

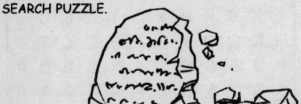

"IS THE <u>ALW</u>, THEREFORE, <u>DOEPSPO</u> TO THE PROMISES OF GOD? <u>YABLESTOUL</u> NOT! FOR IF A LAW HAD BEEN GIVEN THAT COULD <u>TIMRAP ELFI</u>, THEN RIGHTEOUSNESS WOULD CERTAINLY HAVE <u>ECMO</u> BY THE LAW."

GALATIANS 3:21

```
L F R J Y T O B B T Q O
P A W S O C V C I K I P
Y O W I M P A R T L T P
I K Q E C R O D B B D O
T H M P Q I H Y B M L S
A B S O L U T E L Y B E
K G C E I N T B C N F D
C S F A F E P O S O E T
B I K L E P V R V P M G
L T R W L O B U C C I E
```

# PEOPLE OF THE BIBLE

FIND THE WORDS LISTED BELOW IN
THE WORD SEARCH ON THE NEXT PAGE.

JACOB          SIMEON

          REUBEN          LEAH

REBEKAH          LEVI

     RACHEL          JUDAH

     NAPHTALI          DAN

GAD          BILHAH

```
S R J R N M J N B V S H
E I D F K R A D B R A G
W X M H R D L Y V E M F
R V D E J G O N L L G P
Y N A G O J V B T B R B
I M H A H N E H D F E X
O P F A N T A E L Q U C
F O D T P H R B W R B U
E U Y I L T E D V E E R
J U V I A C A R B B N A
U E B H A G P I N E S C
L K Y Q L R V B J K Z H
L J U M W I B B P A K E
N A P H T A L I C H W L
B S G J A C O B Q N S N
```

# TO THOSE WHO BELIEVE

USING THE LINES ON THE NEXT PAGE, UNSCRAMBLE THE UNDERLINED WORDS BELOW. THEN FIND THEM IN THE WORD SEARCH PUZZLE.

"BUT THE ESRCURTIP HATH CONCLUDED ALL ERDNU SIN, THAT THE PROMISE BY HFTAI OF SJSUE CHRIST MIGHT BE VNGEI TO THEM THAT EEBVELI."

GALATIANS 3:22, KJV

56

_____  _____

_____  _____

_____  _____

```
F E F B Z G D F N A B J
A S G C A J N T B E N E
I G S C R I P T U R E S
T D P K L T P V R V P U
H K T G I V E N U C C S
Y F R J Y T O B B T Q D
E T P R I U N D E R I E
Y O H D H P E R B L T D
I K Q E C R O D B B D H
I H B E L I E V E M L T
```

# PEOPLE OF THE BIBLE

FIND THE WORDS LISTED BELOW IN THE WORD SEARCH ON THE NEXT PAGE.

ASHER

ISSACHAR

JOSEPH

DINAH

POTIPHAR

AARON

MOSES

ZEBULUN

EPHRAIM

LABAN

ESAU

```
A H M O S E S D M F K D
A F J G O N C L G P E I
R G S J J O S E P H W N
O A D B E B D F L X O A
N P N T P E L Q S C R H
E P H R A I M C X U R S
U R Z T E B V D H V Y S
D W A C P O T I P H A R
Y H A P P I N E S S P N
A Q L R V B J D Z B D I
S M W I B B P E K C F L
H I S S A C H A R T H A
E T C E P A Q N S N K B
R N M J E B V E S A U A
Z E B U L U N D G U I N
```

# PRISONERS BY THE LAW

FIND THE WORDS UNDERLINED BELOW IN THE WORD SEARCH ON THE NEXT PAGE.

"BUT BEFORE <u>FAITH</u> CAME, WE WERE KEPT UNDER THE LAW, <u>SHUT</u> UP UNTO THE FAITH WHICH SHOULD AFTERWARDS BE <u>REVEALED</u>. WHEREFORE THE LAW WAS OUR SCHOOLMASTER TO <u>BRING</u> US UNTO CHRIST, THAT WE <u>MIGHT</u> BE <u>JUSTIFIED</u> BY FAITH. BUT AFTER THAT FAITH IS COME, WE ARE NO <u>LONGER</u> UNDER A <u>SCHOOLMASTER</u>."

GALATIANS 3:23–25, KJV

```
V S D B E O L E S H U T
B P E T O R L B C K E D
I T P L H U M T L I T Y
B R I N G E H D M S D S
J W A C T G N E S B F C
D H A P I B S D Z C L H
K Q L M V B P H K T O O
K M W I B B C T I N N O
F B Y F A I T H N Q G L
T C O N C E I T T U E M
O T H E R S T D E K R A
K K C P D V D T R E U S
H J U S T I F I E D L T
F J G O N T B X S R D E
R E V E A L E D T R T R
```

# THE PLAGUES

FIND THE WORDS LISTED BELOW IN THE WORD SEARCH ON THE NEXT PAGE.

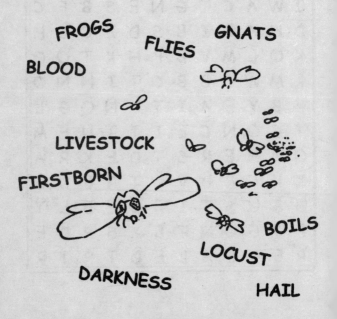

FROGS

FLIES

GNATS

BLOOD

LIVESTOCK

FIRSTBORN

BOILS

LOCUST

DARKNESS

HAIL

```
L H R Q L Y V D M F K F
O F J G H A I L G P E F
C G S J V B T B X B W A
U D A R K N E S S X O T
S P N T P E L Q S C F F
T T P B O I L S X U R S
Z R Z T E B V D H V O S
B L O O D R B D M D G E
U H A P P I N E S S S N
O L I V E S T O C K D I
T M W I B B P E K C F L
F L I E S B C G N A T S
E T C E P A Q N S N K N
S N M J E B V S M Q B O
Y K F I R S T B O R N L
```

# DISCIPLES

FIND THE WORDS LISTED BELOW IN THE WORD SEARCH ON THE NEXT PAGE.

MATTHEW

PETER

ANDREW

JOHN

PHILIP

BARTHOLOMEW

JUDAS

SIMON

THOMAS

JAMES

```
P R Z T J A M E S V Y S
C H A M A T T H E W A E
Y H I P P I N E S D P N
Z Q L L V B J D U B D I
X M W I I B P J K C F L
T B Y D N P C T W T H E
I T C E P A Q N S N K N
B A R T H O L O M E W O
T K R P D B S D G U I L
H R Q L Y V I M F K F W
O J G O R C M G P E F B
M S J E B T O X J W A L
A D T E B D N L X O T R
S E T P E L Q S C R H D
P P A N D R E W U R S N
```

# SONS OF GOD

FIND THE WORDS UNDERLINED BELOW IN THE WORD SEARCH ON THE NEXT PAGE.

"FOR YE ARE ALL THE <u>CHILDREN</u> OF GOD BY FAITH IN CHRIST <u>JESUS</u>. FOR AS MANY OF YOU AS HAVE BEEN <u>BAPTIZED</u> INTO <u>CHRIST</u> HAVE <u>PUT</u> <u>ON</u> CHRIST. THERE IS NEITHER JEW NOR <u>GREEK</u>, THERE IS NEITHER BOND NOR FREE, THERE IS NEITHER MALE NOR <u>FEMALE</u>: FOR YE ARE ALL <u>ONE</u> IN CHRIST JESUS."

GALATIANS 3:26–28, KJV

```
F M W I B C L O M H E D
F E Y D B A Z O N S H J
T C M N C E T D E K O E
O T H A R S D T R E C S
K K C P L V L G E W H U
H R Q O Y E B X S R I S
F O N E N T F L T R L A
G S J V B K E D S I D M
S D B E O L E D H P R B
P E T O R Z C L I T E I
T P L H I M D H S D N T
R Z T T B B E S R F I I
W A P T I N D Z C I L O
H A P G R E E K T K S N
B L R V P U T O N B O T
```

# THE HEIR IS A CHILD

FIND THE WORDS UNDERLINED BELOW IN THE WORD SEARCH ON THE NEXT PAGE.

"WHAT I AM SAYING IS THAT AS LONG AS THE <u>HEIR</u> IS A <u>CHILD</u>, HE IS NO DIFFERENT FROM A <u>SLAVE</u>, ALTHOUGH HE <u>OWNS</u> THE WHOLE <u>ESTATE</u>. HE IS SUBJECT TO <u>GUARDIANS</u> AND <u>TRUSTEES</u> UNTIL THE TIME SET BY HIS <u>FATHER</u>."

GALATIANS 4:1–2

```
G F K H E I R B C T I N
U U F B Y D B A Q N N Q
I J A C O N C E I T T U
A S O R H S L A V E E K
S E K K D P D V D T R E
E T H R Q I Y C L G E W
R Y F J G O A T B X S R
C H I L D V B N F L T R
Y K S D B E O L S S S I
U R P E T E F B V D H P
I U T P T H U A I L I T
O I R A T F B B T M S D
C O T A O W N S E H B F
B S H A P P B S D Z E H
E E Q T R U S T E E S R
```

# THE FULL RIGHTS

USING THE LINES ON THE NEXT PAGE, UNSCRAMBLE THE UNDERLINED WORDS BELOW. THEN FIND THEM IN THE WORD SEARCH PUZZLE.

"SO ALSO, WHEN WE WERE NCERHDIL, WE WERE IN SYRLEAV UNDER THE CIABS PRINCIPLES OF THE WORLD. BUT WHEN THE ETIM HAD FULLY COME, GOD SENT HIS SON, BORN OF A MWOAN, BORN UNDER LAW, TO REDEEM THOSE UNDER LAW, THAT WE MIGHT EVRECEI THE FULL RIGHTS OF SONS."

GALATIANS 4:3-5

70

```
G T W S S L A V E R Y E
T W H D H P E R B L T D
Y O Q E C R O D T B D R
R M M P Q I H Y I M L E
H A B Z G D F N M B B C
T N C A J N T B E N F E
J S T A B E P O S S E I
C H I L D R E N V P V V
K T R W L O B U C C I E
F R J B A S I C T Q D X
```

# ABBA

USING THE LINES ON THE NEXT PAGE, UNSCRAMBLE THE UNDERLINED WORDS BELOW. THEN FIND THEM IN THE WORD SEARCH PUZZLE.

"AND BECAUSE YE ARE SONS, <u>OGD</u> HATH SENT FORTH THE <u>STIRPI</u> OF HIS SON INTO YOUR HEARTS, CRYING, <u>BABA</u>, FATHER. WHEREFORE THOU ART NO MORE A <u>TNASVER</u>, BUT A <u>NSO</u>; AND IF A SON, THEN AN <u>EIRH</u> OF GOD THROUGH CHRIST."

GALATIANS 4:6–7, KJV

_____  _____

_____  _____

_____  _____

| A | O | H | D | H | P | E | R | B | L | N | D |
|---|---|---|---|---|---|---|---|---|---|---|---|
| B | B | Q | E | C | R | O | D | B | O | D | H |
| V | H | B | P | Q | I | H | Y | S | M | L | T |
| C | F | B | A | G | D | T | N | S | B | B | N |
| Z | G | C | A | J | N | T | B | P | N | F | T |
| X | S | T | A | A | E | P | O | I | S | E | H |
| Z | P | K | V | T | P | V | R | R | P | V | E |
| K | T | R | W | G | O | B | U | I | C | I | I |
| F | E | J | Y | O | O | B | B | T | Q | D | R |
| S | W | S | O | D | V | C | I | K | I | E | L |

# NAMES IN THE BIBLE

FIND THE WORDS LISTED BELOW IN THE WORD SEARCH ON THE NEXT PAGE.

RAHAB

ACHAN

JABIN

ABIRAM

BALAAM

BALAK

OHOLIAB

BEZALEL

MIRIAM

JETHRO

KORAH

DATHAN

```
H R Q L Y V D M F K F W
F J G O N C J A B I N B
A C H A N T B X B W A L
A D B M B E Z A L E L R
B A L A K B A L A A M D
T P M R B W C X U R S X
K Z I E B V D A T H A N
O A R T R B D M D M E W
R A I P I N J E T H R O
A L A V B J D Z B D I D
H W M B B P E K C R L Q
O H O L I A B W T A E J
T C E P A Q N S N H N W
N M J E B V S M Q A O P
A B I R A M D G U B L T
```

# YOU ARE KNOWN BY GOD

FIND THE WORDS UNDERLINED BELOW IN THE WORD SEARCH ON THE NEXT PAGE.

"<u>FORMERLY</u>, WHEN YOU DID NOT <u>KNOW</u> GOD, YOU WERE <u>SLAVES</u> TO THOSE WHO BY <u>NATURE</u> ARE NOT GODS. BUT NOW THAT YOU KNOW GOD—OR <u>RATHER</u> ARE KNOWN BY GOD—HOW IS IT THAT YOU ARE TURNING BACK TO THOSE <u>WEAK</u> AND MISERABLE PRINCIPLES? DO YOU WISH TO BE <u>ENSLAVED</u> BY THEM ALL OVER <u>AGAIN</u>?"

GALATIANS 4:8–9

```
K N O W H U N A T U R E R
R H A T F B B D S S R D
W Q L C K I N E D H R T
S M W P P N S A G A I N
F B Y R V B O Z M C P T
T C O I B B C W S I T R
E N S L A V E D Z S D A
K K G N C E I H K B F T
H F O R M E R L Y C H H
F S C P D V D N N T K E
G S L O Y C L T T N B R
S D G A N T B W E Q S L
P E J V V K F T E U H W
T P B E O E E G E A O B
R Z T O R B S X S E K L
```

# NAMES IN THE BIBLE

FIND THE WORDS LISTED BELOW IN THE WORD SEARCH ON THE NEXT PAGE.

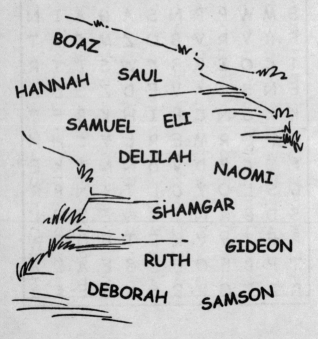

BOAZ

HANNAH

SAUL

SAMUEL

ELI

DELILAH

NAOMI

SHAMGAR

RUTH

GIDEON

DEBORAH

SAMSON

```
H R G O N C L G P G F D
F D J V B R U T H I A E
G E B E S D F L X D T B
A L T P A L Q S C E F O
P I G R M W C A U O S R
T L T E U V D U V N S A
R A C T E B D L D N E H
W H P P L N E S S A N W
H H R V B J D Z B O I S
Q A I B B P E K C M L A
M N D N B C T W T I E M
B N E P A S H A M G A S
T A J E S H A M G A R O
N H P J Z N C G U E L N
K Q L B O A Z F E L I I
```

# OBSERVING SPECIAL DAYS

FIND THE WORDS UNDERLINED BELOW IN THE WORD SEARCH ON THE NEXT PAGE.

"YOU ARE <u>OBSERVING</u> <u>SPECIAL</u> <u>DAYS</u> AND <u>MONTHS</u> AND <u>SEASONS</u> AND <u>YEARS</u>! I <u>FEAR</u> FOR YOU, THAT <u>SOMEHOW</u> I HAVE <u>WASTED</u> MY <u>EFFORTS</u> ON <u>YOU</u>."

GALATIANS 4:10–11

```
L F J S O M E H O W R D
S G S J V B K F L T R T
P S M O N T H S S S I S
E P E T O R B V D H P D
C T P L E F F O R T S A
I R Z T F B B D M S D Y
A W A C T I N E S B F S
L S E A S O N S Z C H L
D Q L R V B P H S T K N
K W A S T E D R I N B O
F B Y D B A A N N Q S L
T C O B S E R V I N G W
Z T H X Y S T D E Y O B
K K C P F E A R R E O L
H R Q O Y C L G E W L U
```

# TO BE ZEALOUS

USING THE LINES ON THE NEXT PAGE, UNSCRAMBLE THE UNDERLINED WORDS BELOW. THEN FIND THEM IN THE WORD SEARCH PUZZLE.

"THOSE EPLEPO ARE ZEALOUS TO INW YOU OVER, BUT FOR NO GOOD. WHAT THEY WANT IS TO EATLAIEN YOU FROM US, SO THAT YOU MAY BE SZUEOAL FOR THEM. IT IS FINE TO BE ZEALOUS, PROVIDED THE EPSUORP IS DOGO, AND TO BE SO ALWAYS AND NOT JUST WHEN I AM WITH YOU."

GALATIANS 4:17–18

```
W K Q E C R O D B B D H
X I M P Q I H Y B M L T
U F N Z G Z E A L O U S
I G C A J N T G E N F T
P U R P O S E O O S E D
E P K L T P V R V O V T
K T R W L O B U C C D G
F R A L I E N A T E D X
T W S O C V C I K I E L
O H D H P P E O P L E S
```

# MY DEAR CHILDREN

USING THE LINES ON THE NEXT PAGE, UNSCRAMBLE THE UNDERLINED WORDS BELOW. THEN FIND THEM IN THE WORD SEARCH PUZZLE.

"MY DEAR NIHRCDEL, FOR WHOM I AM AGAIN IN THE ISNPA OF CHILDBIRTH UNTIL CHRIST IS RODEFM IN YOU, HOW I SWHI I COULD BE WITH YOU NOW AND GHACEN MY TONE, BECAUSE I AM EEEDLPXPR ABOUT YOU!"

GALATIANS 4:19–20

_____      _____

_____      _____

```
H T R W P P A I N S H P
L C J O O P B T P I I E
T H S F O C I K D N S R
O I D O V R B L P T B P
K L E R E D B B S E C L
H D P M O Y B M D R T E
F R Z E H N A W I S H X
G E A D F B E N M S Q E
S N A N T C H A N G E D
P K L E P A I M S S P F
```

# FEELINGS

FIND THE WORDS LISTED BELOW IN THE WORD SEARCH ON THE NEXT PAGE.

JOY

HURT

LOVE

PRIDE

HATRED

ANGER

FEAR

PEACE

LONELINESS

GUILT

WORRY

HAPPINESS

```
H R Q L Y H P E A C E R
F A G O N U L G P C E A
G S P V B R B X B G N B
A F B P B T F L N G A P
P E T P I L Q A E O T R
T A G R B N C H C R F I
R R T E B V E S U R S D
H A T R E D D S V Y S E
H J P P I N F Z S M E W
Q O R V B D D K S P N L
M Y I B E L E G B D I D
B Y D D B O T G C F L Q
T C N P A V N G U I L T
N O J E B E W O R R Y W
L O N E L I N E S S Y P
```

# FRUIT OF THE SPIRIT

FIND THE WORDS LISTED BELOW IN THE WORD SEARCH ON THE NEXT PAGE.

SELF CONTROL

JOY

GENTLENESS

LOVE

PATIENCE

KINDNESS

PEACE

GOODNESS

FAITHFULNESS

```
F R S L Y M D M F P F S
A Y U O N C L H P A F E
I K I N D N E S S T A L
T D B E B D F L X I T F
H N T P E L Q S C E P C
F G O O D N E S S N E O
U Z T E B V D H V C A N
L A L O V E D M D E C T
N P X P D W E L S P E R
E L R V B J D Z B D I O
S W I B B P E K C F L L
S A I T H F U L L H E J
T C E P A Q N S N J N W
N M J E B V S M Q B O P
G E N T L E N E S S L Y
```

# FREE WOMAN

FIND THE WORDS UNDERLINED BELOW IN THE WORD SEARCH ON THE NEXT PAGE.

"TELL ME, YOU WHO <u>WANT</u> TO BE <u>UNDER</u> THE <u>LAW</u>, ARE YOU NOT <u>AWARE</u> OF WHAT THE LAW SAYS? FOR IT IS <u>WRITTEN</u> THAT ABRAHAM HAD TWO <u>SONS</u>, ONE BY THE <u>SLAVE</u> WOMAN AND THE OTHER BY THE <u>FREE WOMAN</u>."

GALATIANS 4:21–22

```
M U N D E R T B S S R D
E G S J V B K F O T R T
O S D B E O L E N S I S
T P E T O R B V S H P T
R T A W A R E I L I T Y
W R Z T F B B D M S D N
O W A C T I N S L A V E
M H A P P B S D Z C H W
A Q L R V B P H K T K A
N W R I T T E N I N B N
F B Y D B A Q N N Q S T
T C O N C E I T L U H W
O T H E R S T D E A O B
K K C P D V D T R E W L
H F R E E C L G E W L X
```

# NAMES IN THE BIBLE

FIND THE WORDS LISTED BELOW IN THE WORD SEARCH ON THE NEXT PAGE.

NOB

DAVID

KEILAH

ACHISH

JONATHAN

MIZPAH

BATHSHEBA

ABIGAIL

ADULLAM

NABAL

GOLIATH

JABESH

```
G W A C T R B D M D M E
T O A P P I N E S S P N
K Q L R V A C H I S H I
D M W I B A B I G A I L
A B Y D A B C T W T H E
V N O B P T Q N S N K N
I N M J E B H S M Q M O
D A D U L L A M G U I L
H R Q K E I L A H K Z J
F J G O N C L G P E P A
N S J O N A T H A N A B
A D B E B D F L X O H E
B N T P E L Q S C R F S
A P B A T H S H E B A H
L Z T E B V D H V Y S G
```

# CHILDREN OF PROMISE

FIND THE WORDS UNDERLINED BELOW IN THE
WORD SEARCH ON THE NEXT PAGE.

"HIS <u>SON</u> BY THE <u>SLAVE</u> <u>WOMAN</u> WAS <u>BORN</u> IN THE <u>ORDINARY</u> WAY; BUT HIS SON BY THE <u>FREE</u> WOMAN WAS BORN AS THE <u>RESULT</u> OF A <u>PROMISE</u>."

GALATIANS 4:23

```
N G S J V B K F L T R T
A S D B P R O M I S E S
I P E T O R B V D H P L
E F R E E U M I L I T A
Z R Z T F B B D M S D V
C W A C T N N E S B F E
F O A P O B S D N Y H L
B M L S V B P R R T K N
K A W I B B O A I N B O
F N Y D B B N N N Q S L
T C O N C I I T T U H W
O T H E D S T D E K O B
K K C R D V R E S U L T
H R O O Y C L G E W L R
F J G O N T B X S R D D
```

# ANIMALS OF THE BIBLE

FIND THE WORDS LISTED BELOW IN THE WORD SEARCH ON THE NEXT PAGE.

SNAKE  HORSES  GOATS

PIG  BIRDS

FISH

LAMB  WHALE

COW  DOG

SHEEP

LION

```
P N C D B W N Y M D M B
F I M E N H J E S S M N
H R G J P A P D Z A D I
F J Q P E L C E L C F L
G S G L D E Q T W T H E
A D J H O R S E S N K N
P N B V N L I O N Q B O
F I S H B C D D C O W L
R Z G P B T L S F K F W
W A G R E D B G H E F B
H O C E E L B G B E A L
D A T K B W I L O O E R
M L A Y R V R S C A F P
B N R P F B D X U R T X
S Y I V I E S H V Y S S
```

# OLD COVENANT

FIND THE WORDS UNDERLINED BELOW IN THE WORD SEARCH ON THE NEXT PAGE.

"THESE __THINGS__ MAY BE __TAKEN__ FIGURATIVELY, FOR THE __WOMEN__ __REPRESENT__ TWO __COVENANTS__. ONE COVENANT IS FROM __MOUNT__ __SINAI__ AND __BEARS__ CHILDREN WHO ARE TO BE __SLAVES__: THIS IS __HAGAR__."

GALATIANS 4:24

```
X W A C T I N S S B F I
Z H H A G A R D I C H L
M Q L R V B P H K N K N
C O V E N A N T S W A O
F B Y D B A Q N N O S I
T H O N N B U M T M H W
P T V R R S T D E E O B
K K T H I N G S R N U L
H R Q O Y C L G E W L R
S L A V E S B X S R D M
G S J V B K F L T R T O
S R E P R E S E N T S U
P E T O R B V D H P T N
T T A K E N I H H T Y T
R Z B E A R S M S D N T
```

# NAMES IN THE BIBLE

FIND THE WORDS LISTED BELOW IN
THE WORD SEARCH ON THE NEXT PAGE.

OMRI

ELAH

ZIMRI

ASA

AMMON

SOLOMON

ABSALOM

ZIBA

TAMAR

SHEBA

REHOBOAM

```
S R Q K Y A D M F K F I
F O K Q N S L G P E R B
G S L E B A B X B M A L
A D B O B D F L O O T R
P N T P M L Q A M M O N
T P G R B O C X U R S X
E L A H B V N H V Y S G
W A C T R B D M D M E W
Z I M R I N A S S P N L
Q L R V B O D S H E B A
M W I B B P E K C F L Q
B Y D O B C T W Z H E J
T C H P T A M A R I N W
N E J E B V S M Q B B P
R R A B S A L O M I L A
```

# FREE

USING THE LINES ON THE NEXT PAGE, UNSCRAMBLE THE UNDERLINED WORDS BELOW. THEN FIND THEM IN THE WORD SEARCH PUZZLE.

"NOW HAGAR <u>SSDTNA</u> FOR MOUNT <u>ISAIN</u> IN <u>AIRABA</u> AND CORRESPONDS TO THE PRESENT <u>YCIT</u> OF <u>MELASUREJ</u>, BECAUSE SHE IS IN SLAVERY WITH HER CHILDREN. BUT THE JERUSALEM THAT IS ABOVE IS FREE, AND SHE IS OUR <u>RMEOHT</u>."

GALATIANS 4:25-26

```
M O H D H P S R B L T Y
B O Q E C R I D B B T H
L H T P Q I N Y B I L T
J F B H G D A N C B B N
G G C A E N I B E N F S
I S T A B R P O S S E T
G J E R U S A L E M V A
K T R W L O B U C C I N
F R J Y T O B B T Q D D
A R A B I A C I K I E S
```

# DESOLATE WOMAN

USING THE LINES ON THE NEXT PAGE, UNSCRAMBLE THE UNDERLINED WORDS BELOW. THEN FIND THEM IN THE WORD SEARCH PUZZLE.

"FOR IT IS WRITTEN: 'BE DGAL, O NERRAB WOMAN, WHO BEARS NO CHILDREN; KBEAR FORTH AND CRY ALOUD, YOU WHO HAVE NO LABOR PSNIA; BECAUSE MORE ARE THE CHILDREN OF THE DESOLATE WOMAN THAN OF ERH WHO HAS A DHNUSAB.'"

GALATIANS 4:27

104

| H | C | G | C | A | J | N | T | B | D | N | S |
|---|---|---|---|---|---|---|---|---|---|---|---|
| A | U | S | T | A | B | E | P | O | E | N | F |
| D | M | S | K | L | T | P | V | B | S | S | E |
| G | K | T | B | W | L | O | B | B | V | P | V |
| J | B | R | E | A | K | O | B | A | C | C | H |
| L | T | W | S | O | N | V | C | R | T | Q | E |
| Q | O | H | D | H | P | D | R | R | K | I | R |
| E | K | A | E | C | R | O | D | E | L | T | D |
| T | L | M | P | Q | I | H | Y | N | B | D | H |
| G | F | B | Z | G | D | P | A | I | N | S | T |

# BROTHERS

FIND THE WORDS UNDERLINED BELOW IN THE
WORD SEARCH ON THE NEXT PAGE.

"NOW YOU, <u>BROTHERS</u>, LIKE <u>ISAAC</u>,
ARE <u>CHILDREN</u> OF PROMISE. AT THAT
<u>TIME</u> THE SON <u>BORN</u> IN THE
<u>ORDINARY</u> WAY <u>PERSECUTED</u> THE <u>SON</u>
BORN BY THE <u>POWER</u> OF THE <u>SPIRIT</u>.
IT IS THE SAME NOW."

GALATIANS 4:28–29

```
K Y T P L H U M I L I T
G R R Z T F B B S O N D
F P O W E R I N E S B F
I Y H S E Z B S D Z C H
R O O R D I N A R Y T K
D K M W I B B C T I N D
V F B Y D B A Q N N E C
N T S P I R I T T T U H
M O T H E R S T U E K I
U K K C P D V C T R E L
I B R O T H E R S E W D
S F J G O S T B X S R R
A G S J R B K F L T R E
A S D E E T I M E S I N
C P P T O R B V B O R N
```

# WORDS JESUS USED

FIND THE WORDS LISTED BELOW IN THE WORD SEARCH ON THE NEXT PAGE.

FORGIVENESS

CHRIST

BELIEVE

TRUTH

FAITH

LIFE

WORD

TRUST

GIFT

ETERNAL

BREAD

```
B B B R E A D F T T H E
E T Y D N B C T L I F E
L N C E P A Q N M Q B O
I K M J E B V S T Y R S
E R R P D B R D F K F W
V F O R G I V E N E S S
E F G O N C L G B W A L
A S J V T T B X X O T R
P D E T E R N A L R F D
T C T P E L Q S U D S X
R H G R B W C J V B T G
W R F A I T H H D M R W
H I C V R B D M S P U L
Q S D K I T R U S T T D
M T R V G I F T C F H Q
```

# SLAVE WOMAN

FIND THE WORDS UNDERLINED BELOW IN THE WORD SEARCH ON THE NEXT PAGE.

"BUT WHAT DOES THE <u>SCRIPTURE</u> SAY? 'GET <u>RID</u> OF THE SLAVE WOMAN AND HER <u>SON</u>, FOR THE <u>SLAVE</u> WOMAN'S SON WILL NEVER <u>SHARE</u> IN THE <u>INHERITANCE</u> WITH THE FREE WOMAN'S SON.' <u>THEREFORE</u>, <u>BROTHERS</u>, WE ARE NOT CHILDREN OF THE SLAVE WOMAN, BUT OF THE <u>FREE</u> <u>WOMAN</u>."

GALATIANS 4:30–31

```
B R T T F B L C S V I I
R W A H T I B V D H P N
O H S P E B M I L S T H
T Q O R V R B D M L D E
H M N I B B E E S A F R
E B Y D B A S F Z V H I
R C O N C R P H O E K T
S C R I P T U R E R B A
K K C P D Y Q N N Q E N
H R Q O Y E I T T U H C
F J G O N R T D E K O E
F R E E B I D S H A R E
S D B E O D L G E W L R
P E T O R T B X S R D D
T P L W O M A N T R T A
```

# FREEDOM

USING THE LINES ON THE NEXT PAGE, UNSCRAMBLE THE UNDERLINED WORDS BELOW. THEN FIND THEM IN THE WORD SEARCH PUZZLE.

"IT IS FOR <u>MFORDEE</u> THAT <u>RHCSTI</u> HAS SET US FREE. STAND <u>MIRF</u>, THEN, AND DO NOT LET YOURSELVES BE <u>DBEUNDER</u> AGAIN BY A <u>KOEY</u> OF <u>YRELAVS</u>."

GALATIANS 5:1

112

_____  _____

_____  _____

_____  _____

```
Y S L A V E R Y B V P V
R S B U R D E N E D C I
Y O F R E E D O M T Q D
K T R W L J F N H K I E
F Y J Y C M T B H L T D
T O S O H E P F I R M H
O K D H R P V R B M L T
K E E C I O B U A B B N
H M P Q S O B B E N F T
F B Z G T V C I S S E D
```

# MARK MY WORDS

USING THE LINES ON THE NEXT PAGE, UNSCRAMBLE THE UNDERLINED WORDS BELOW. THEN FIND THEM IN THE WORD SEARCH PUZZLE.

"MARK MY SWDOR! I, PAUL, TELL YOU THAT IF YOU LET SYEOUVRLES BE CIRCUMCISED, CHRIST WILL BE OF NO ULEAV TO YOU AT ALL. AGAIN I ELDRACE TO EVERY MAN WHO LETS HIMSELF BE CIRCUMCISED THAT HE IS DOBEGILTA TO OBEY THE HWOLE LAW."

GALATIANS 5:2-3

_____      _____

_____      _____

_____      _____

K T R W T O V U C C I G
F R J Y T O A B T Q D X
Y O U R S E L V E S W L
O H D H P E U B L T O S
K Q E C R O E B B D R D
H M P Q I H Y B M L D L
F B Z G D F N A B B S M
G C A J N T B E N F T S
O B L I G A T E D E D Z
W H O L E D E C L A R E

# NAMES IN THE BIBLE

FIND THE WORDS LISTED BELOW IN THE WORD SEARCH ON THE NEXT PAGE.

CYRUS ELISHA JEHU

HAGGAI ELIJAH NEHEMIAH

ZETHAR MICAIAH

MORDECAI

ESTHER

```
H R Q L Y V D M F K F H
F J G E L I J A H E F A
G S J V B T B X B W A G
M O R D E C A I X O T G
P N T P E L Q S C R F A
T P C Y R U S X U R S I
Z Z T E B V D H V Y S G
E A N E H E M I A H E W
T A P P I N E S S P N L
H L R V J E H U B D I E
A W I B B P E K C F L S
R Y D N B C T W T H E T
M I C A I A H S N K N H
N M J E B V S M Q B O E
E L I S H A D G U I L R
```

# NAMES IN THE BIBLE

FIND THE WORDS LISTED BELOW IN
THE WORD SEARCH ON THE NEXT PAGE.

HANANIAH

DANIEL

JOB

MISHAEL

ISAIAH

AZARIAH

ZEDEKIAH

SHADRACH

MESHACH

HEZEKIAH

JEREMIAH

EZEKIEL

```
B H A N A N I A H K F H
F J G O N C L G P E F E
E J E R E M I A H W A Z
Z D B E B D F L X O T E
E N S P A L M S M R F K
K P H R Z W E X I R S I
I Z A E A V S H S Y S A
E A D T R B H M H M E H
L A R P I N A S A P N L
Q L A V A J C Z E D I D
M W C B H P H K L F L Q
B Y H N B C T W T J O B
I S A I A H D A N I E L
N M J E B V S M Q B O P
Z E D E K I A H U I L T
```

# GRACE

FIND THE WORDS UNDERLINED BELOW IN THE WORD SEARCH ON THE NEXT PAGE.

"YOU WHO ARE <u>TRYING</u> TO BE JUSTIFIED BY <u>LAW</u> HAVE BEEN <u>ALIENATED</u> FROM CHRIST; YOU HAVE FALLEN AWAY FROM <u>GRACE</u>. BUT BY FAITH WE <u>EAGERLY</u> AWAIT THROUGH THE <u>SPIRIT</u> THE <u>RIGHTEOUSNESS</u> FOR WHICH WE <u>HOPE</u>."

GALATIANS 5:4–5

# FAITH

FIND THE WORDS UNDERLINED BELOW IN THE WORD SEARCH ON THE NEXT PAGE.

"FOR IN CHRIST <u>JESUS</u> NEITHER CIRCUMCISION NOR <u>UNCIRCUMCISION</u> HAS ANY <u>VALUE</u>. THE ONLY <u>THING</u> THAT <u>COUNTS</u> IS <u>FAITH</u> EXPRESSING <u>ITSELF</u> THROUGH <u>LOVE</u>."

GALATIANS 5:6

```
K M I T S E L F G E U L
F B Y D X N T B X S N D
T C O J E S U S L T C T
O T H E E O L E S S I S
K F A I T H B V D H R T
H R Q O H U M I L I C Y
F T H I N G B D M S U L
G S J K T I N E S B M O
S D B H F E S D Z C C V
P E T D U B P H K T I E
T P L L B B C T I N S Z
R Z A E B A Q N N Q I L
W V C R C E I T T U O W
H H C O U N T S E K N B
Q L R H D V D T R E U L
```

# RUNNING A GOOD RACE

USING THE LINES ON THE NEXT PAGE, UNSCRAMBLE THE UNDERLINED WORDS BELOW. THEN FIND THEM IN THE WORD SEARCH PUZZLE.

"YOU WERE GRNINNU A GOOD ERCA.

WHO UCT IN ON YOU AND KEPT YOU

FROM GONBIEY THE HTRTU?  THAT

KIND OF PERSUASION DOES NOT

COME FROM THE ONE WHO LCALS

YOU."

GALATIANS 5:7–8

```
Z F T Z G D P V R V P T
G G R A J N O B U P U I
V S U A B B O B B C Q D
E P T L T N V C I K C E
K T H O B E Y I N G A D
R R J Y T I O D B B L H
A W S O C T H Y B M L T
C H D R U N N I N G S N
E Q E C R U T B E N F T
H M P Q I E P N S F Z D
```

# NAMES IN THE BIBLE

FIND THE WORDS LISTED BELOW IN THE WORD SEARCH ON THE NEXT PAGE.

JONAH

HOSEA

AMOS

OBADIAH

MICAH

NAHUM

HABAKKUK

JEZREEL

JOEL

```
M Q L R V B J L G P E L
R I W I B H O S E A E B
E B C D N B C F L O O H
A T C A P A B Q J C R A
W N M J H B D C X U R B
Z K R P D B C D H V Y A
H O B A D I A H M D B K
F J G O N C U E S S E K
G S J E Z R E E L B N U
A D B E B D E E K C I K
P N T P H L Y T W T L Q
T P G A B W Q N A N E J
R Z N E B N A H U M N W
W O C T R B R D G U O P
J M D S J N D M F K L S
```

# A LITTLE YEAST

FIND THE WORDS UNDERLINED BELOW IN THE WORD SEARCH ON THE NEXT PAGE.

"'A LITTLE <u>YEAST</u> WORKS THROUGH THE WHOLE <u>BATCH</u> OF <u>DOUGH</u>.' I AM <u>CONFIDENT</u> IN THE <u>LORD</u> THAT YOU WILL TAKE NO OTHER <u>VIEW</u>. THE ONE WHO IS <u>THROWING</u> YOU INTO <u>CONFUSION</u> WILL PAY THE <u>PENALTY</u>, WHOEVER HE MAY BE."

GALATIANS 5:9–10

```
T H R O W I N G I Y B T
F B Y D B A Q N N Q N W
T C O N C E I T T E O B
O Y E A S T T D D N O L
K K C P D V D I R E U R
C R Q O Y C F D O U G H
O J G O N N B X W U G A
N S J V O K F E T R T M
F D B C O L I S S I S B
U E T O R V V D H P T I
S P L H U M I L I T Y T
I Z T F B B D M L D N I
O B A T C H E S B O I O
N R T D G S D Z C H R D
Q L P E N A L T Y K O D
```

# CALLED TO BE FREE

FIND THE WORDS UNDERLINED BELOW IN THE WORD SEARCH ON THE NEXT PAGE.

"YOU, MY <u>BROTHERS</u>, WERE <u>CALLED</u> TO BE <u>FREE</u>. BUT DO NOT USE YOUR <u>FREEDOM</u> TO <u>INDULGE</u> THE <u>SINFUL</u> NATURE; RATHER, <u>SERVE</u> ONE ANOTHER IN LOVE. THE ENTIRE LAW IS SUMMED UP IN A SINGLE COMMAND: '<u>LOVE</u> YOUR <u>NEIGHBOR</u> AS YOURSELF.'"

GALATIANS 5:13–14

```
Y N E I G H B O R I T Y
U B R O T H E R S S D N
Q W A C T I N E Z B F I
A H A P P B S S E R V E
Z Q L R V B P H K T K I
K M W F R E E T I N B N
F B Y D B A Q N N Q S D
S I N F U L I T T U H U
O T H E R S T D E K O L
K K C P C A L L E D U G
H R Q O Y C L G E W L E
F J G O N T B X S R D D
F R E E D O M L T R T A
S D B E O L E S S I S M
P E T O R B V L O V E B
```

# WATCH OUT

USING THE LINES ON THE NEXT PAGE, UNSCRAMBLE THE UNDERLINED WORDS BELOW. THEN FIND THEM IN THE WORD SEARCH PUZZLE.

"IF YOU KEEP ON <u>GBNITI</u> AND <u>GDNEVIROU</u> EACH OTHER, WATCH OUT OR YOU WILL BE <u>DEYORTSED</u> BY EACH <u>ROEHT</u>. SO I SAY, LIVE BY THE SPIRIT, AND YOU WILL NOT <u>YGRFAIT</u> THE DESIRES OF THE SINFUL <u>ENRAUT</u>."

GALATIANS 5:15–16

_____     _____

_____     _____

_____     _____

```
K T R W O T H E R C I G
F R J Y T O B B T Q D X
D E V O U R I N G I E L
O H D H P E R B L T D S
K Q E C R O D B B D H D
H M P D E S T R O Y E D
F B Z G D F N S J B N M
G R A T I F Y E N F T S
S T A B E N A T U R E Z
P K L B I T I N G V T K
```

# LED BY THE SPIRIT

FIND THE WORDS UNDERLINED BELOW IN THE WORD SEARCH ON THE NEXT PAGE.

"FOR THE SINFUL NATURE <u>DESIRES</u> WHAT IS <u>CONTRARY</u> TO THE <u>SPIRIT</u>, AND THE SPIRIT WHAT IS CONTRARY TO THE SINFUL NATURE. THEY ARE IN <u>CONFLICT</u> WITH EACH OTHER, SO THAT YOU DO NOT DO <u>WHAT</u> YOU <u>WANT</u>.  BUT IF YOU ARE <u>LED</u> BY THE SPIRIT, YOU ARE NOT <u>UNDER</u> LAW."

GALATIANS 5:17–18

```
C W A C T I B V X P L K
Z H A P P B M I L E D L
D C O N F L I C T D R D
K M W I B T N O D Y R E
F B Y D B G S K L E I S
T S P I R I T H M H P I
O T H E R B C E S I T R
K K C P D A Q Y Z S D E
U N D E R E R W A N T S
F J G O N A T T I C H L
G S J V R V D N N T K N
S D B T O C L T W N B O
P E N O R T B D E H S L
T O L H U K F T R U A W
C Z T F B L E G E K O T
```

# SINFUL NATURE

FIND THE WORDS UNDERLINED BELOW IN THE WORD SEARCH ON THE NEXT PAGE.

"THE <u>ACTS</u> OF THE SINFUL NATURE ARE <u>OBVIOUS</u>: SEXUAL IMMORALITY, <u>IMPURITY</u> AND DEBAUCHERY; <u>IDOLATRY</u> AND WITCHCRAFT; HATRED, DISCORD, JEALOUSY, FITS OF RAGE, <u>SELFISH</u> AMBITION, <u>DISSENSIONS</u>, FACTIONS AND <u>ENVY</u>; DRUNKENNESS, ORGIES, AND THE LIKE. I <u>WARN</u> YOU, AS I DID BEFORE, THAT THOSE WHO <u>LIVE</u> LIKE THIS WILL NOT <u>INHERIT</u> THE <u>KINGDOM</u> OF GOD."

GALATIANS 5:19–21

```
K M W I B B C T I N B A
D I Y D O B V I O U S C
I C N N C E I T T U H T
S T H G R S T D E K O S
S K C P D V D T R E U J
E R Q O Y O L G E N L M
N J G O N T M X S V I S
S S J V B K F L T Y N E
I M P U R I T Y S I H L
O E T O R B V D H P E F
N P L K B M Z L I T R I
S I D O L A T R Y D I S
W A C T I N E S B F T H
H A W A R N D Z C H L O
Q L R V B P H L I V E N
```

# FRUIT OF THE SPIRIT

FIND THE WORDS UNDERLINED BELOW IN THE WORD SEARCH ON THE NEXT PAGE.

"BUT THE <u>FRUIT</u> OF THE <u>SPIRIT</u> IS LOVE, <u>JOY</u>, <u>PEACE</u>, LONGSUFFERING, GENTLENESS, <u>GOODNESS</u>, <u>FAITH</u>, <u>MEEKNESS</u>, TEMPERANCE: <u>AGAINST</u> SUCH THERE IS NO <u>LAW</u>."

GALATIANS 5:22-23, KJV

```
R F F R U I T Q N N I T
D G S J V O E I T T S D
O S S P I R I T D P B G
I P E T O E V D T E C C
T T P L H T C L G A T A
J O Y T F I T B X C N T
M W A C M E E K N E S S
B H A P P O L E S C P H
V Q L R V R B V D E Q K
K G O O D N E S S R T B
F B Y D B B B D M E I S
A G A I N S T E S S L H
O T H E R B S D Z T N O
K K C P F A I T H S C U
L A W O Y B C T I H E L
```

# WE BELONG TO CHRIST

FIND THE WORDS UNDERLINED BELOW IN THE WORD SEARCH ON THE NEXT PAGE.

"THOSE WHO <u>BELONG</u> TO CHRIST JESUS HAVE <u>CRUCIFIED</u> THE SINFUL NATURE WITH ITS <u>PASSIONS</u> AND <u>DESIRES</u>. SINCE WE <u>LIVE</u> BY THE SPIRIT, LET US KEEP IN <u>STEP</u> WITH THE SPIRIT. LET US NOT BECOME CONCEITED, <u>PROVOKING</u> AND <u>ENVYING</u> EACH OTHER."

GALATIANS 5:24–26

```
B U T P L H U S T D M L
C E R Z T F B V D T G B
V R L A C T I C L E Z C
B O H O P P B T V X K T
K I Q L N V B I F L I N
H K M W I G L L E S N Q
L F P R O V O K I N G U
I T C O N C T M I Z E K
C R U C I F I E D V R E
T K K C P D I N E N E W
R H R Q E N V Y I N G R
D E S I R E S P S Y T R
D G S J V B M C T T S I
P A S S I O N S N D E P
M P E T O R E I T L I P
```

# RESTORE HIM GENTLY

USING THE LINES ON THE NEXT PAGE, UNSCRAMBLE THE UNDERLINED WORDS BELOW. THEN FIND THEM IN THE WORD SEARCH PUZZLE.

"BROTHERS, IF <u>ESNOOEM</u> IS CAUGHT IN A SIN, YOU <u>HOW</u> ARE SPIRITUAL SHOULD <u>EREROTS</u> HIM <u>YGTLNE</u>. BUT WATCH <u>FLSEORYU</u>, OR YOU ALSO MAY BE <u>DEPMTET</u>."

GALATIANS 6:1

```
C T R W L O B U C C I Y
T R S O M E O N E Q L X
E W S O C V C I K T E R
M H D H P E R B N T D E
P Q W H O O D E B C U S
T M P Q I H G B M L T T
E B Z G D F N A B B N O
D C A J N T B E N F T R
N T A B E P O S S E D E
Y O U R S E L F C E U V
```

# OTHER'S BURDENS

USING THE LINES ON THE NEXT PAGE, UNSCRAMBLE THE UNDERLINED WORDS BELOW. THEN FIND THEM IN THE WORD SEARCH PUZZLE.

"<u>YRARC</u> EACH OTHER'S <u>SNEDRUB</u>, AND IN THIS WAY YOU WILL <u>LLIFLUF</u> THE LAW OF CHRIST. IF ANYONE THINKS HE IS <u>GNIHTEMOS</u> WHEN HE IS <u>GNIHTON</u>, HE <u>SEVIECED</u> HIMSELF."

GALATIANS 6:2–3

```
D E C E I V E S O B X P
J T Y D X N B H T O J Z
Y B M E V N O T H I N G
O H N X P Y W V K E D S
S O M E T H I N G D H D
H M P Q I H Y B M L T L
F B Z G D B U R D E N S
F U L F I L L E N F T S
S T A B E P O S S E D Z
P K L T P C A R R Y T K
```

# TEST YOUR OWN ACTIONS

FIND THE WORDS UNDERLINED BELOW IN THE WORD SEARCH ON THE NEXT PAGE.

"EACH ONE SHOULD <u>TEST</u> HIS OWN <u>ACTIONS</u>. THEN HE CAN TAKE <u>PRIDE</u> IN HIMSELF, WITHOUT <u>COMPARING</u> <u>HIMSELF</u> TO SOMEBODY <u>ELSE</u>, FOR <u>EACH</u> ONE SHOULD <u>CARRY</u> HIS OWN <u>LOAD</u>."

GALATIANS 6:4–5

```
A W M T F U K B X E K B
D C C C E L S E L R R K
T Q T V N I B E S Z P B
K M W I V B M V D S R S
C C Y I O G B P L T I H
A C O D B N N D M S D O
R E H M C H S J B H E U
R K A E P B I D F I P L
Y R Q C D A C M V S T D
F J G O H A R T S B R T
G S E O N E I I Z E E S
S D J T G S T T N T L T
P E S E B V D D I G D F
T E T O L O A D N Q T N
T Z L H R T L G T U O K
```

# SHARE ALL GOOD THINGS

FIND THE WORDS UNDERLINED BELOW IN THE WORD SEARCH ON THE NEXT PAGE.

"<u>ANYONE</u> WHO RECEIVES <u>INSTRUCTION</u> IN THE <u>WORD</u> MUST SHARE ALL <u>GOOD</u> THINGS WITH HIS <u>INSTRUCTOR</u>. DO NOT BE <u>DECEIVED</u>: GOD CANNOT BE <u>MOCKED</u>. A <u>MAN</u> <u>REAPS</u> WHAT HE <u>SOWS</u>."

GALATIANS 6:6–7

```
I P E B V D V D D T Q S
N S O W S Y C L T E U H
S R Z L O N T M G R K O
T W A T H B R E A P S U
R H G C F O L E L N W L
U Q M O C K E D S T R D
C M L P F U M Y D S R T
T B W R D E C E I V E D
I C Y I P I N D L I P T
O T O D P B S E M I K B
N K R N G O O D S S D Y
H O C E B B C H Z B F N
W C R J B A Q T K C H I
G S G O C E A N Y O N E
E I N S T R U C T O R N
```

# NAMES IN THE BIBLE

FIND THE WORDS LISTED BELOW IN THE WORD SEARCH ON THE NEXT PAGE.

JESUS

PETER

ZACCHAEUS

SIMON

CAESAR

NICODEMUS

JOHN

PILATE

MARY

MARTHA

```
D B Y P P B T R V M D M
G T C R V B D D N S S P
J N M I B E L L S Z I D
C Z A C C H A E U S M F
A R R E V J V F M W O H
E J T J B E T J G S N K
S S H P O S U O X M Q B
A D A L I U O H L G U I
R N T O N S B N S F P F
T P G V P B N E K P I P
R N I C O D E M U S L E
W A F Y D B P E B X A T
H A R R M B C T V C T E
Q A T E Y V Q F X U E R
M W C T N C V R H V Y S
```

# ETERNAL LIFE

FIND THE WORDS UNDERLINED BELOW IN THE WORD SEARCH ON THE NEXT PAGE.

"THE ONE WHO <u>SOWS</u> TO PLEASE HIS <u>SINFUL</u> NATURE, FROM THAT <u>NATURE</u> WILL <u>REAP</u> DESTRUCTION; THE <u>ONE</u> WHO SOWS TO <u>PLEASE</u> THE <u>SPIRIT</u>, <u>FROM</u> THE SPIRIT WILL REAP <u>ETERNAL</u> LIFE."

GALATIANS 6:8

```
P L E A S E K L T E K S
B W A T H R L F G R E H
K H A C F S U F R E W O
F S L P W B T E L O R U
T I W O P I B E S T M L
O N S R H B R I R S I D
O F O I V U B E D H U E
M U H D T B A P L I I T
P L C A B P A D M S P E
K R N E C E P H S B T R
H J Q P R E C T Z E D N
F S G X K S Q N N T F A
G D D Z Y V I O I N H L
K S P I R I T D N Q K N
L P T E B T D F T U B O
```

# DOING GOOD

FIND THE WORDS UNDERLINED BELOW IN THE WORD SEARCH ON THE NEXT PAGE.

"LET US NOT <u>BECOME</u> <u>WEARY</u> IN <u>DOING</u> <u>GOOD</u>, FOR AT THE <u>PROPER</u> <u>TIME</u> WE <u>WILL</u> REAP A <u>HARVEST</u> IF <u>WE</u> DO NOT <u>GIVE</u> UP."

GALATIANS 6:9

```
B R J G E R B C I E T U
N Z S J P D A Q M M S K
R W E A R Y E O E S H T
F Q C T O N C H D Z Y W
K M P L V E V G O O D R
F B Z Y B O C T T I R R
T C A Y O R T G N N D I
P R O P E R E I T T O P
K K L T F M L T D I I T
H S W C I K B D T H N D
F G Y T P U W I L L G F
G H O R V B B B X E C H
H A R V E S T F L R T K
P K C E B B S E S E N B
T R W N C B P G I V E S
```

# IMPORTANT WORDS

FIND THE WORDS LISTED BELOW IN
THE WORD SEARCH ON THE NEXT PAGE.

MAN

LIFE

TRUST

SON

GODLINESS

HOPE

FAITH

TRUTH

LOVE

CHRISTIAN

CROSS

PEACE

```
B C Q L Y V D M F K F G
F H G O L O V E P M F O
C R J V B T B X B A A D
I I B E B L F L X N T L
P S T C E I Q S C R F I
I T G R B F C X U R S N
J I T O B E D S O N S E
Z A C S R B D M D M E S
V N P S I T R U T H N S
K L H V B J D T B D I D
O W O B B P E R C F L Q
P Y P N B C T U T H E J
T C E P A Q N S N K N W
N M J E B V S T Q B O P
F A I T H R D P E A C E
```

# DO GOOD TO ALL PEOPLE

FIND THE WORDS UNDERLINED BELOW IN THE WORD SEARCH ON THE NEXT PAGE.

"THEREFORE, AS WE HAVE <u>OPPORTUNITY</u>, LET US DO GOOD TO ALL PEOPLE, <u>ESPECIALLY</u> TO THOSE WHO <u>BELONG</u> TO THE <u>FAMILY</u> OF <u>BELIEVERS</u>. SEE WHAT <u>LARGE</u> <u>LETTERS</u> I USE AS I <u>WRITE</u> TO YOU WITH MY OWN <u>HAND</u>!"

GALATIANS 6:10–11

```
H G F A M I L Y T L T B
A S D B E L O N G A N E
N P E T E R V D T R Q L
D T L E T T E R S G U I
B R Z T F B J B X E K E
O P P O R T U N I T Y V
N H A P P B L E G E W E
B Q L R V B B V D S R R
K M W I B Y M I L T R S
F B Y D B I B D M S I S
T C O N C T N E S H P T
O T W R I T E D Z I T Y
K K C P D G P H K S D N
E S P E C I A L L Y F I
F J G O N A Q N M C H L
```

# DIVINE WORDS

FIND THE WORDS LISTED BELOW IN THE WORD SEARCH ON THE NEXT PAGE.

PROMISES     OBJECT     HIM

DIVINE

NATURE     POWER     DEAD

EVERYTHING     KNOWLEDGE

SIN     FORGIVENESS

```
H P R O M I S E S K O E
F F G O N C L G P E B V
G O J V D E A D B W J E
A R B E B D F L X O E R
P G T N A T U R E R C Y
T I G R B W C X U R T T
R V T K B V D H V Y S H
W E C N R P O W E R E I
H N P O I N E S S P N N
Q E R W B J D Z B D I G
M S I L B D I V I N E Q
B S D E B C T W T H E J
T C N D A Q N S N H N W
N I J G B V S M Q B I P
S R P E B R D G U I L M
```

# THE CROSS OF CHRIST

FIND THE WORDS UNDERLINED BELOW IN THE WORD SEARCH ON THE NEXT PAGE.

"<u>THOSE</u> WHO WANT TO MAKE A GOOD IMPRESSION <u>OUTWARDLY</u> ARE <u>TRYING</u> TO <u>COMPEL</u> YOU TO BE <u>CIRCUMCISED</u>. THE ONLY <u>REASON</u> THEY DO THIS IS TO <u>AVOID</u> BEING PERSECUTED FOR THE <u>CROSS</u> OF <u>CHRIST</u>."

GALATIANS 6:12

```
T H O S E B O T I N B O
F B Y D B A U N N Q S L
T C O C C E T T T U H W
A V O I D S W C R O S S
K K C R D V A T R E U L
H R Q C Y C R G E W L R
F J G U N T D X S R D D
G T J M B K L L T C T A
S R B C O L Y S S O S M
P Y T I R B V D H M T B
T I L S U M I L I P Y I
R N T E B B D M S E N T
W G C D T Y Z H P L I I
H A P R E A S O N H L O
Q L R C H R I S T K N N
```

# BOASTING

USING THE LINES ON THE NEXT PAGE, UNSCRAMBLE THE UNDERLINED WORDS BELOW. THEN FIND THEM IN THE WORD SEARCH PUZZLE.

"NOT EVEN THOSE <u>HOW</u> ARE CIRCUMCISED <u>YEBO</u> THE <u>WLA</u>, YET THEY WANT YOU TO BE <u>DESICUMCRIC</u> THAT THEY MAY <u>TSAOB</u> ABOUT YOUR <u>HSELF</u>."

GALATIANS 6:13

_____   _____

_____   _____

_____   _____

.

```
W F B Z G B E R I K P O
N H C A J O O D B L Y I
T S O A B A H Y B E Q D
F P K L L S F W B M I E
K T R W J T T O A B T D
F R J Y Y E P B E E D H
C I R C U M C I S E D T
O H D H L O B R L V B N
K Q E C T O B U A N F T
F L E S H V C B W S E D
```

# BOAST IN THE CROSS

FIND THE WORDS UNDERLINED BELOW IN THE WORD SEARCH ON THE NEXT PAGE.

"<u>MAY</u> I <u>NEVER</u> <u>BOAST</u> EXCEPT <u>IN</u> THE <u>CROSS</u> OF OUR <u>LORD</u> JESUS <u>CHRIST</u>, <u>THROUGH</u> WHICH THE <u>WORLD</u> HAS <u>BEEN</u> <u>CRUCIFIED</u> TO ME, AND I TO THE <u>WORLD</u>."

GALATIANS 6:14

```
C R P T E N I N N T H L
F M Z C H R I S T N B N
H H A T M O D D E Q E O
K Q A Y H R L T N U E L
T M L J B O A S T I N W
H B W P T B F X R K O B
R C R U C I F I E D U L
O C O I V B V S S W L Q
U T H D V B I D T R D R
G W C N B M D L S R T D
H O Q E C R O S S N S M
G R R P C S C S I E T B
S L G O R P D Z S V Y I
P D J O D C H K B E N T
T E B W O R L D C R I Z
```

# NEW CREATION

FIND THE WORDS UNDERLINED BELOW IN THE WORD SEARCH ON THE NEXT PAGE.

"FOR IN CHRIST JESUS <u>NEITHER</u> CIRCUMCISION AVAILETH ANY THING, NOR UNCIRCUMCISION, BUT A <u>NEW</u> <u>CREATURE</u>. AND AS MANY AS <u>WALK</u> ACCORDING TO THIS <u>RULE</u>, <u>PEACE</u> BE ON THEM, AND <u>MERCY</u>, AND UPON THE <u>ISRAEL</u> OF <u>GOD</u>."

GALATIANS 6:15–16, KJV

| P | S | D | N | E | W | E | I | M | Z | C | J |
|---|---|---|---|---|---|---|---|---|---|---|---|
| B | E | E | T | O | R | S | T | E | K | X | P |
| G | T | A | L | H | D | V | D | R | R | N | T |
| C | R | Z | C | F | Y | C | L | C | N | Q | D |
| Y | W | A | C | E | N | T | Y | Y | T | U | F |
| U | H | M | E | A | N | S | F | R | G | O | D |
| I | Q | L | R | V | O | L | E | T | R | F | K |
| S | M | C | R | E | A | T | U | R | E | G | C |
| R | B | Y | D | O | U | R | I | U | S | K | O |
| A | C | O | N | I | E | F | D | L | T | O | U |
| E | T | H | E | H | I | N | O | S | S | K | J |
| L | K | C | T | E | B | S | D | W | H | E | T |
| H | R | I | O | F | B | P | H | L | A | W | S |
| F | E | G | R | U | L | E | T | M | S | L | D |
| N | S | J | V | B | A | Q | N | S | B | R | K |

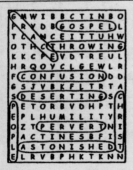

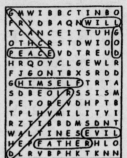

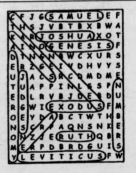

PERSUADE    MEN

PLEASE    SERVANT

GOSPEL    AFTER

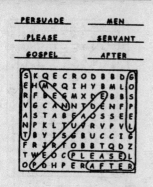

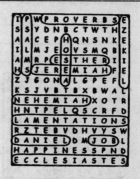

JEWS    JUSTIFIED

FAITH    CHRIST

LAW    FLESH

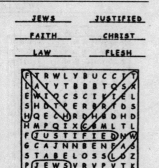

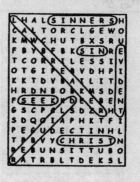

DIED _____ LIVE _____

BEEN _____ LIFE _____

BODY _____ LOVED _____

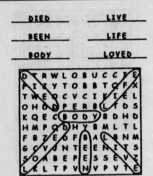

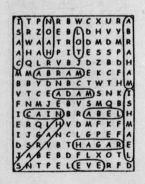

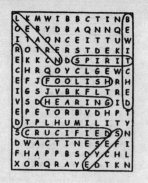

| | |
|---|---|
| GIVE | HIS |
| WORK | AMONG |
| BELIEVE | HEARD |

| | |
|---|---|
| FORESAW | GENTILES |
| GOSPEL | NATIONS |
| BLESSED | FAITH |

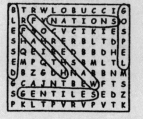

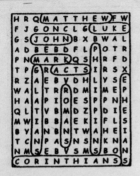

WORKS     CURSE

NOT     WRITTEN

MAN     JUST

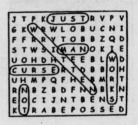

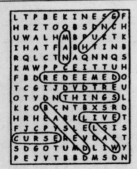

SPOKEN          SEED

PEOPLE          CHRIST

COVENANT        AWAY

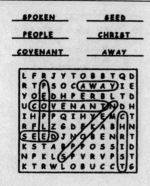

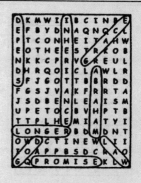

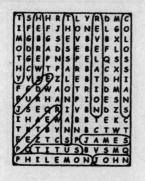

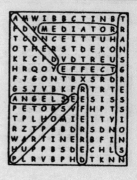

LAW     OPPOSED

ABSOLUTELY     IMPART

LIFE     COME

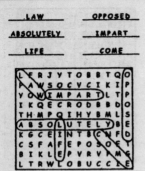

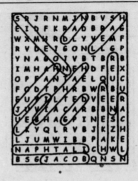

SCRIPTURE     UNDER

FAITH     JESUS

GIVEN     BELIEVE

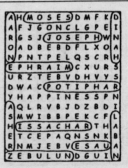

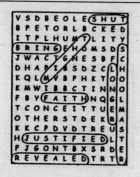

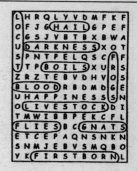

CHILDREN  SLAVERY

BASIC  TIME

WOMAN  RECEIVE

GOD  SPIRIT

ABBA  SERVANT

SON  HEIR

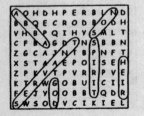

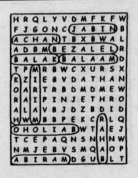

## PG. 77

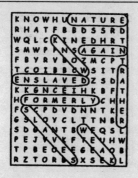

## PG. 79

## PG. 81

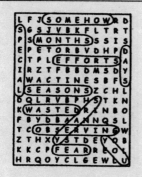

## PG. 83

| PEOPLE | WIN |
| ALIENATE | ZEALOUS |
| PURPOSE | GOOD |

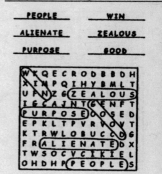

179

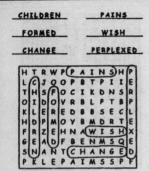

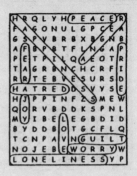

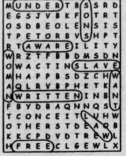

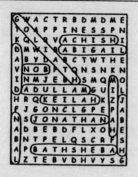

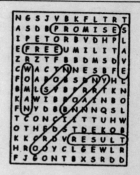

STANDS    SINAI

ARABIA    CITY

JERUSALEM    MOTHER

GLAD    BARREN

BREAK    PAINS

HER    HUSBAND

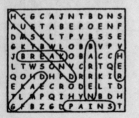

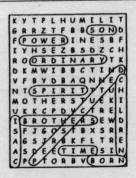

## PG. 109

## PG. 111

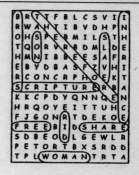

## PG. 113

FREEDOM          CHRIST

FIRM            BURDENED

YOKE            SLAVERY

```
Y S L A V E R Y B V P V
R S B U R D E N E D C I
Y O F R E E D O M T Q D
K T R W L J F N H K I E
F Y J Y C M T B H L T D
T O S O H E P V K R Y C
O K D H R P R B M L T
K E E C I O B U A B B N
H M P Q S O B B E N F T
F B Z G T V C I S S E D
```

## PG. 115

WORDS           YOURSELVES

VALUE           DECLARE

OBLIGATED       WHOLE

```
K T R W T O V U C C I G
F R J Y T O A B T Q D X
Y O U R S E L V E S W L S
O H D H P E U B L T D
K Q E C R O E B B D R D
H M P Q I H Y B M L D L
F B Z G D F N A B B S M
G C A J N T B E N F T S
O B L I G A T E D E D Z
W H O L E D E C L A R E
```

183

## PG. 117

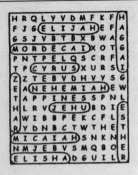

## PG. 119

## PG. 121

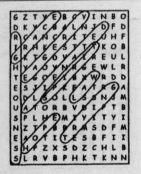

## PG. 123

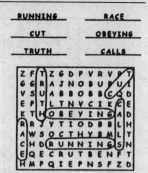

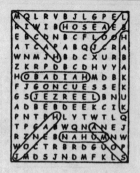

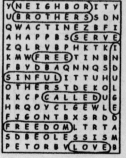

BITING      DEVOURING

DESTROYED   OTHER

GRATIFY     NATURE

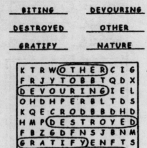

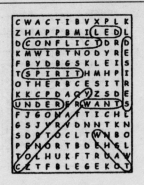

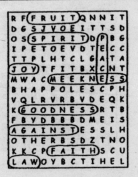

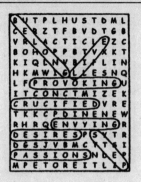

SOMEONE      WHO

RESTORE      GENTLY

YOURSELF     TEMPTED

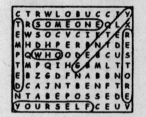

CARRY        BURDENS

FULFILL      SOMETHING

NOTHING      DECEIVES

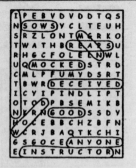

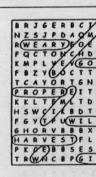

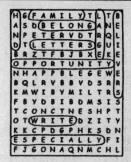

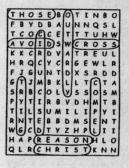

## PG. 165

WHO    OBEY

LAW    CIRCUMCISED

BOAST    FLESH

## PG. 167

## PG. 169

# MORE FUN BOOKS FOR KIDS!

Super Bible Activity Books offer great fun at a great price! These 192-page books, packed with Bible-based crossword puzzles, word searches, mazes, trivia, and more, are a deal at just $1.39. The unique dimensions (4 ⅛" x 5 ⅜") makes them kid-sized and easy to take anywhere. And while kids enjoy the activities, parents can enjoy the fact that their youngsters are learning the Bible! Collect the entire series!

*Amazing Mazes*
*Bible Activities*
*Bible Activities for Kids*
*Bible Connect-the-Dots*
*Bible Crosswords for Kids*
*Bible Picture Fun*
*Bible Scrambles*

*Bible Word Games*
*Bible Word Searches for Kids*
*Clean Jokes for Kids*
*Fun Bible Trivia*
*Fun Bible Trivia 2*
*Great Bible Trivia for Kids*
*More Bible Activities*

*More Clean Jokes for Kids*
*Super Bible Activities*
*Super Bible Crosswords*
*Super Bible Word Searches*
*Super Silly Stories*

---

Available wherever Christian books are sold.

**Or order from:** Barbour Publishing, Inc., P.O. Box 719
Uhrichsville, Ohio 44683
http://www.barbourbooks.com

If you order by mail, please add $1.00 for postage and handling per order.
Prices subject to change without notice.